A LA MÉMOIRE

DE

EUGÈNE-AUGUSTE MATHISS.

DISCOURS

PRONONCÉ

LORS DE L'ENTERREMENT, AU TEMPLE-NEUF, A STRASBOURG

LE 21 OCTOBRE 1868

PAR

L. LEBLOIS

PASTEUR.

STRASBOURG,

IMPRIMERIE DE JEAN-HENRI-ÉDOUARD HEITZ,

RUE DE L'OUTRE, 5.

1868.

Né le 31 janvier 1842.

Décédé le 18 octobre 1868.

Il est une maxime qui devrait présider à toutes les relations sociales, et qui certes les rendrait bien douces et bien attrayantes : « Mettez-vous en pensée à la place des autres, et faites-leur ce que vous voudriez qu'ils vous fissent à vous-mêmes. »

Qui d'entre-vous ne se sent disposé à mettre aujourd'hui cette maxime en pratique, et à compâtir aux douleurs d'une famille déjà si cruellement et si diversement éprouvée?

Il y a quelques années, elle a perdu presque subitement son chef qui s'était fait une si légitime renommée dans le monde commercial, et dont la mort a laissé un si grand vide. Toutes les espérances dès lors se sont concentrées sur le fils aîné, successeur naturel du père, et qui devait être le protecteur de la veuve et des orphelins, le défenseur des intérêts de sa mère, de sa sœur et de ses frères. Et ces espérances n'étaient-elles pas fondées? Actif et intelligent, entendu dans les affaires, doué d'un cœur affectueux et tendre, qui a fait de lui

le meilleur appui de sa mère et un véritable père pour
ses frères plus jeunes, il semblait destiné à cicatriser la
blessure causée par la mort de celui dont il devait sou-
tenir le nom.

Et voilà que, soudain, une de ces maladies mysté-
rieuses, qui ne pardonnent pas à leurs victimes,
s'acharne sur lui, l'étend sur un lit de douleurs, le mine
et le consume lentement. Dans le cours de cette longue
épreuve, on ne sait ce qu'on doit admirer le plus, si
c'est la force de résistance que l'heureuse organisation
du jeune homme a opposée à cette cruelle maladie, ou
la persévérance dans le dévouement que sa mère et sa
sœur ont mis à le soigner nuit et jour.

Son long martyre est aujourd'hui terminé. Le voilà
délivré de ce corps qui n'était plus pour lui qu'une
charge douleureuse. Mais nous qui survivons, le spectacle
de cette mort nous laissera-t-il indifférents ? Y assis-
terons-nous en froids et impassibles témoins ? Est-ce
donc un fait si commun et si normal de voir un jeune
homme de vingt-six ans rappelé de ce monde, et serions-
nous assez peu sérieux pour dédaigner de faire, dans
une occasion aussi solennelle, un retour sur nous-mêmes
et de nous demander : «Où serais-je maintenant, si au
lieu de lui, c'eut été moi que la mort eût frappé?»

Toute simple qu'est cette question, elle ne laisse pas
d'être, pour quiconque réfléchit, d'une importance ex-
trême. Voulez-vous savoir quel rôle elle a déjà joué
dans le monde ?

Il y avait, un jour, un jeune et brillant étudiant, dénué de fortune, il est vrai, pauvre parmi les pauvres, mais riche d'intelligence et d'ardeur, plein de vie, de cœur et d'esprit. Il vivait insouciant comme les jeunes gens de son âge, préoccupé seulement de ses chères études dont il attendait une position supérieure à celle que la naissance lui avait faite. Soudain il apprend qu'un de ses amis, un de ses compagnons de travail est mort d'une mort tragique, prématurée. Aussitôt des pensées sérieuses surgissent dans son cœur, et il se pose la question formulée tout à l'heure : «Où serais-je maintenant, si au lieu de lui, c'eût été moi que la mort eût frappé?»

Mais cette question n'a pas produit chez lui cet effet passager que produisent quelquefois chez les jeunes gens les plus graves impressions. Elle l'a poursuivi nuit et jour, elle ne lui a laissé ni paix ni trève. Il fallait la résoudre à tout prix.... Dans les efforts qu'il fait pour arriver à cette solution tant désirée, il est conduit, de degré en degré, à examiner l'état de l'Église et de la religion à son époque. Il trouve que cet état ne répond point à l'idéal qu'il porte dans son cœur, et il devient l'auteur de la révolution la plus profonde, la plus radicale qui ait été faite dans le monde depuis l'origine du christianisme. Cette révolution qui a changé la face de la terre, n'était autre que la réforme religieuse du seizième siècle, et cet étudiant, vous l'avez nommé : c'était *Martin Luther* !

Ah! certes, mes frères, pour quiconque a une âme qui pense et un cœur qui sent, c'est une bien grave et

solennelle question que celle-ci : «Que deviendrais-je,
si en ce moment même je devais mourir ?»

En présence des inquiétudes qu'elle fait naître, nous
consolerons-nous, je veux dire, nous étourdirons-nous,
en répétant avec tant d'autres : «O alors tout serait fini !
L'immortalité dont on nous parle, c'est une chimère !
La vie après la mort, c'est un pieux désir de nos pères,
c'est une illusion de leur imagination, mais en défini-
tive, c'est une illusion et rien de plus !»
Vous qui parlez ainsi, êtes-vous bien sûrs de ne pas
être dans l'illusion vous-mêmes? Quelles preuves avez-
vous donc à l'appui de ce que vous avancez? Par quels
arguments la nature et l'histoire appuient-elles vos asser-
tions ?
Mais l'histoire consultée, mais la nature interro-
gée nous conduisent à des affirmations toutes con-
traires ! L'histoire nous montre l'esprit humain dévoré
du besoin d'immortalité, et quel besoin de notre être
le Dieu parfait a-t-il laissé sans satisfaction? La nature
vient à l'appui de l'histoire par des preuves en quelque
sorte palpables. Elle nous montre la *matière* même
échappant à toutes les causes de destruction. Par
quelque réactif qu'on la traite, par quelque agent qu'on
l'attaque, on ne peut l'anéantir. Elle résiste aux moyens
terribles que la science et l'industrie ont inventés. Elle
est douée d'une véritable immortalité.
Voilà un fait positif, certain; non un fait avancé par
quelque esprit frivole, mais établi, démontré par les
hommes les plus habiles et les plus sérieux , par

les maîtres de la science. Eh quoi! à la vue de cette indestructibilité de la matière, vous pourriez croire que l'esprit, — l'esprit qui n'est pas comme la matière, insensible, aveugle et sourd, l'esprit qui est doué de raison, de sentiment, de volonté morale, l'esprit qui, sur les ailes de la pensée et de l'induction, s'élève jusqu'au monde invisible, contemple les choses éternelles, découvre la cause des causes, arrive à la connaissance et à l'adoration du Dieu infini, l'esprit enfin qui, de ses profondeurs, fait jaillir ces sources vives, salutaires, inépuisables, où les générations boivent et s'abreuvent de siècle en siècle, et que nous appelons *la philosophie, la religion, la poésie, toutes les sciences et tous les arts,* — vous pourriez croire que l'esprit est moins favorablement traité que la matière, que le partage de celle-ci étant la persistance et la durée, celui de l'autre, serait la mort et le néant?

En présence d'un aussi grave problème que celui de la vie après la mort physique, en présence des preuves nombreuses qui nous sont données pour en faciliter la solution, si un homme n'a pas encore acquis assez de lumières pour dire avec assurance, avec conviction: «Je crois à l'immortalité!» — qui ne voit que la plus vulgaire prudence devrait l'empêcher d'émettre l'assertion contraire, et de dire: «Je nie cette immortalité!» Le simple bon sens ne devrait-il pas lui conseiller, au moment où il hésite entre ces deux alternatives, l'une si sérieuse, l'autre si désolante, d'agir du moins en vue de la première, afin que si jamais la lumière se fait dans son cœur, il n'ait pas à se repentir amèrement d'avoir perdu le temps précieux que Dieu lui avait confié?

Mais que faut-il faire pour agir en vue de l'immortalité? Irons-nous, comme au moyen-âge (qui était l'époque par excellence de la foi en la vie à venir), nous laisser absorber par la pensée de notre état futur? Concentrerons-nous toutes nos facultés sur cette seule perspective? Négligerons-nous notre famille, nos affaires, nos devoirs de chaque jour, pour nous préoccuper exclusivement de ce qui nous attend au-delà du tombeau?

Ce serait là un autre écart, et non moins dangereux, car il nous ferait quitter, lui aussi, la voie qui nous prépare à la vie après la mort. Qui n'a été instruit par l'expérience, que chaque être, appelé à passer par différentes phases successives, ne peut arriver à une phase supérieure, avec les forces nécessaires pour y subsister, que lorsqu'il a rempli les obligations attachées à la phase inférieure? Prenez l'exemple le plus répandu, le plus vulgaire : celui de la chenille. La phase supérieure qui l'attend, c'est d'être papillon. Mais y arriverait-elle, si elle se plongeait dans la contemplation mystique de son futur état? Elle n'y arrive qu'en remplissant fidèlement tous les devoirs, si prosaïques qu'ils paraissent, que lui imposent ses fonctions de chenille.

Nous de même, pour arriver à la phase supérieure de notre existence, avec le degré de force et de développement nécessaires pour y subsister, nous sommes tenus

de remplir consciencieusement les devoirs de la phase
actuelle, et pour cela de nous préoccuper tout d'abord de
savoir *quels ils sont.*

Que de jeunes gens perdent les irremplaçables années
de leur existence, pour avoir négligé de poser cette question préalable, et d'en chercher la réponse! Combien
n'en ai-je pas vus, qui sont entrés dans la vie, pleins de feu
et de désirs ! Le cœur débordant des plus poétiques espérances, ils se sont élancés dans les vastes champs qui
s'ouvraient devant eux. Ils se croyaient maîtres de leur
sort et de leur avenir. Ils n'avaient négligé qu'une chose,
malheureusement la principale; ils avaient négligé de
demander : «Quelle direction suivrai-je, pour ne pas
m'égarer dans ces espaces sans bornes, que je vois
s'étendre devant moi ?»

Cette négligence est d'autant plus regrettable, que
dis-je? d'autant plus blâmable au dix-neuvième siècle
après Jésus-Christ, que la sagesse antique déjà s'était
efforcée de familiariser les jeunes membres de l'humanité avec cette première de toutes les questions, de la solution de laquelle dépend notre existence entière, notre
vie présente et notre vie à venir !

N'est-ce pas la sagesse antique, qui nous a légué cet
immortel apologue, que chacun de vous doit connaître.
Le fils de Jupiter, revêtu de la forme humaine, assu-
jetti à toutes les tentations qui assaillent l'humanité,
pour servir de modèle, en réalisant en sa personne le
type idéal de l'homme, — le jeune Hercule entre dans le

chemin de la vie, et dès les premiers pas, se trouve en présence d'une bifurcation. Il hésite sur la direction qu'il prendra, lorsque deux personnages à l'extérieur le plus dissemblable se présentent à ses regards. L'un lui promet, s'il veut le suivre, une route agréable, bordée de fleurs, serpentant au milieu de gazons verts, et où il boira la coupe inépuisable des plaisirs.

L'autre lui dit : «Mon fils, ne te laisse point séduire. Il est vrai que le chemin où l'on t'appelle est semé d'abord de douceurs et d'attraits, mais il finit par un abîme où tu te perdras sans espoir. La voie que je t'offre est rude, pénible et raboteuse, tu y trouveras des épines et des cailloux, mais si tu persévères, elle te conduira à la renommée et à la gloire immortelle.»

Ce symbole est éternellement vrai, il est vrai aujourd'hui, comme il y a vingt-deux siècles, lorsqu'il fut raconté au monde pour la première fois. Aujourd'hui comme alors, deux voies s'ouvrent devant le jeune homme qui fait son entrée dans cette vie : la voie de l'égoïsme, de la jouissance, des plaisirs, et la voie du devoir, de la lutte et des labeurs.

La première est d'abord agréable et attrayante, les fleurs et la verdure y sont répandues à profusion. Mais sous ces fleurs est caché un poison mortel, sous ces gazons verts se tiennent des serpents dangereux, qui doucement enlacent leurs imprudentes victimes, et leur inoculent, sans pitié, la douleur et la mort.

La seconde, par son aspect sévère, rebute d'abord la frivolité du jeune homme. Heureux s'il parvient à vaincre cette première impression ! Il entrera d'un pas ferme dans la voie du devoir. Comprenant que la vie lui a été donnée pour en faire un bon usage, que ses facultés lui ont été confiées pour les consacrer au bien de ses semblables, à la prospérité de sa famille et de la société, il travaillera, il résistera aux tentations, il croîtra en sagesse, en force et en moralité ! A l'exemple de tous ceux qui ont laissé derrière eux un nom vénéré et béni, il s'efforcera, dans le court intervalle qui sépare sa tombe de son berceau, de remplir consciencieusement la mission que Dieu lui a confiée.

Frères et amis du défunt, suivez cette dernière voie. Prenez Dieu pour guide, le Dieu vivant et vrai, qui par la sainte voix de la conscience et de la raison, vous parle chaque jour pour vous faire éviter les écueils, pour vous faire discerner le bien du mal, le vrai du faux. Vivez non pour vous-mêmes, mais pour les autres : alors, mes chers amis, à quelque âge que Dieu vous retirera de ce monde, que ce soit à vingt ans ou à quatre-vingts, lors même que les hommes appelleraient votre mort «prématurée», elle ne le sera point aux yeux de la sagesse éternelle. Car quiconque a fait son devoir, ne fût-ce qu'une heure, quand il n'a eu que cette heure pour agir, celui-là a rempli sa mission sur la terre, et il est mûr pour un monde meilleur !